Thomas K. Krüger

Korrigierte Performance des ökonomischen Eigenkapitals

Reihe Wirtschaftswissenschaften

Band 87

Korrigierte Performance des ökonomischen Eigenkapitals

Neuentwicklungen zur Modellverbesserung

Thomas K. Krüger

Centaurus Verlag & Media UG

Zum Autor:
Thomas K. Krüger absolvierte eine Ausbildung zum Bankkaufmann, studierte Betriebswirtschaftslehre an der Humboldt-Universität zu Berlin, ist Diplom-Kaufmann der Wirtschaftswissenschaften und arbeitet derzeit als Risikocontroller bei der Mercedes-Benz-Bank AG, Stuttgart.

Die Deutsche Bibliothek – Cip-Einheitsaufnahme

Bibliographische Information der Deutschen Bibliothek:
Die deutsche Bibliothek verzeichnet diese Publikation in der
Deutschen Nationalbibliographie; detaillierte bibliographische Daten
sind im Internet über http://dnb.ddb.de abrufbar.

ISBN 978-3-86226-065-2   ISBN 978-3-86226-946-4 (eBook)
DOI 10.1007/978-3-86226-946-4

ISSN 0177-283X

Alle Rechte, insbesondere das Recht der Vervielfältigung und Verbreitung sowie der Übersetzung, vorbehalten. Kein Teil des Werkes darf in irgendeiner Form (durch Fotokopie, Mikrofilm oder ein anderes Verfahren) ohne schriftliche Genehmigung des Verlages reproduziert oder unter Verwendung elektronischer Systeme verarbeitet, vervielfältigt oder verbreitet werden.

© *CENTAURUS Verlag & Media KG, Freiburg 2011*
www.centaurus-verlag.de

Umschlaggestaltung: Antje Walter, Titisee-Neustadt

Satz: Vorlage des Autors

Meiner wunderbaren Frau und meinen beiden wunderbaren Töchtern

Abbildung 1: Deckungsbeiträge des RAROC

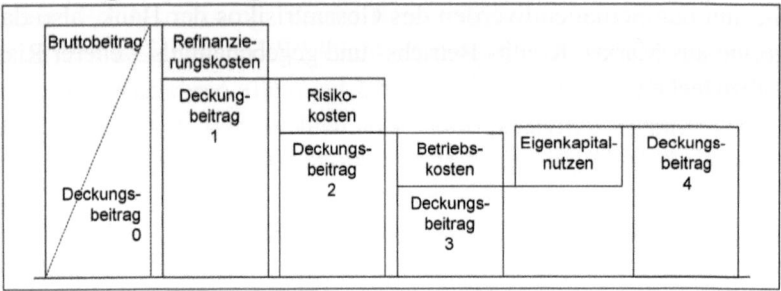

Der Nenner entspricht hingegen dem ökonomischen Eigenkapital, das der Deckung unerwarteter Risiken dient. Beide Komponenten werden als Bruch, bei dem der Ergebnisbeitrag 4 durch das ökonomische Eigenkapital geteilt wird, definiert – wie unten dargestellt:

Abbildung 2: Allgemeine RAROC-Berechnung

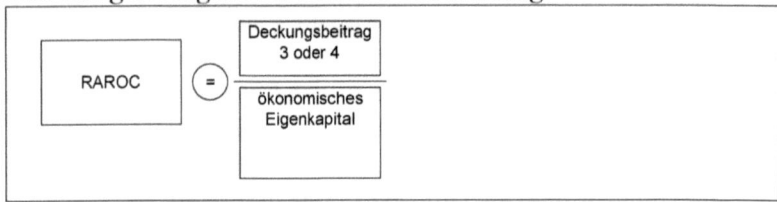

Zusammengefaßt soll der RAROC die Effektivverzinsung des ökonomischen Eigenkapitals nach Schließung aller offenen Positionen – der Positionen Refinanzierung, erwarteter Risiken und der Betriebskosten – sowie der offenen Position des ökonomischen Eigenkapitals selbst sein.

2 MODELLVORBEREITUNGEN

2.1 MODELLANNAHMEN UND -DEFINITIONEN

Variablen

Alle Variablen, die in diesem Buch verwendet werden, sind, soweit nicht anders vermerkt, Elemente des reellen Zahlenraums.

$$\forall x \in \mathbf{R} \tag{2.1}$$

Betrachtungszeitpunkt:

$$t_0 \in t \tag{2.2}$$

Halteperiode inklusive des Betrachtungszeitpunktes:

$$[t_0; t_H] \quad t_H > t_0 \tag{2.3}$$

Transaktion: Der Begriff der Transaktion D umfaßt sowohl ein Einzelgeschäft als auch eine Gruppe von Einzelgeschäften, genannt Portfolio.[16]

Refinanzierung: Die Refinanzierung F wird definiert als das Schließen einer offenen Position durch das Eingehen der Gegenposition. Ein Zahlungseingang wird durch einen komplementären Zahlungsausgang geschlossen und umgekehrt.[17]

---

[16] Einzelgeschäft und Portfolio sind ineinander überführbar, nämlich in dem Fall, daß ein Portfolio aus genau einem Einzelgeschäft besteht.
[17] Vgl. Sievi (1996), S. 77-92
Vgl. Piaskowski (1993), S. 290 ff.

Modellannahmen[18]

a) Die Effektivverzinsungen sind gegeben beziehungsweise werden von den Nominalzinssätzen abgeleitet.
b) Die Abzinsungsmethode ist gegeben.
c) Die Differenz zwischen Barwert und Nettobarwert ist gegeben.
d) Die Ermittlung des unerwarteten Risikos beziehungsweise des ökonomischen Eigenkapitals ist gegeben.
e) Die risikofreie, langfristige Effektivverzinsung des ökonomischen Eigenkapitals ist gegeben.
f) Das Konfidenzniveau ist nicht explizit vorgegeben, so daß die unten vorgestellten Modelle für jedes Konfidenzniveau gültig sind.

Eigenkapitaldefinitionen

Nominales Eigenkapital ist das Eigenkapital, das je nach Rechnungslegungsvorschrift als solches ausgewiesen ist.

$$N_Q(t_J) \qquad (2.4)$$

Ökonomisches Eigenkapital ist das barwertig vorhandene Eigenkapital.

$$V_Q(t_J) \qquad (2.5)$$

Das gesamte ökonomische Eigenkapitallimit ist das Limit ökonomischen Eigenkapitals der gesamten Bank.

$$V_{Q_L}(t_J) \qquad (2.6)$$

Das ausgelastete gesamte ökonomische Eigenkapital ist die Auslastung des ökonomischen Eigenkapitallimits der gesamten Bank.

$$V_{Q_U}(t_J) \qquad (2.7)$$

---

[18] Vgl. Deutsch (2001), S. 65-67

Das divisionale ökonomische Eigenkapitallimit ist das Limit ökonomischen Eigenkapitals der jeweiligen Handelsabteilung i, Division genannt, der Bank.

$$V_{Q_{l_i}}(t_j) \tag{2.8}$$

Das ausgelastete divisionale ökonomische Eigenkapital ist die Auslastung des ökonomischen Eigenkapitallimits der jeweiligen Handelsabteilung i, Division genannt, der Bank.

$$V_{Q_{l_i}^*}(t_j) \tag{2.9}$$

Risikoklassen

Die Risikoklasse ist eine Kategorie der Ursache eines Risikos.[19] In der Regel wird unterschieden zwischen dem

- Marktrisiko (dem durch Marktpreisänderungen induzierten Risiko), das das Aktienpreis-, Zinsänderungs-, Devisenpreis- und das Rohstoffpreisrisiko beinhaltet. Unabhängig von der Frage, ob das Liquiditätsrisiko Bestandteil des Marktrisikos oder eine eigenständige Risikoklasse ist, wird es als Teil dem Marktrisiko zugeordnet; Grund für diese Entscheidung sind zahlreiche Interdependenzen zwischen dem Liquiditätsrisiko und den anderen Marktrisiken;
- Kreditrisiko, dem durch Zahlungsausfall induzierten Risiko. Es können nur Zahlungszuströme (sogenannte Cash-Inflows) dem Kreditrisiko unterliegen;
- Betriebsrisiko, auch operatives Risiko genannt. Hierunter fallen alle Risiken, die den allgemeinen Geschäftsbetrieb der Bank in seiner Funktionsweise beeinträchtigen.[20]

---

[19] Vgl. Schierenbeck (1999b), S. 4-10
[20] Beispiele hierfür sind ein Ausfall in der elektronischen Datenverarbeitung, Auswirkungen von Katastrophen, Know-how-Verlust durch Mitarbeiterabgang, durch Krankheit

2.2 Abzinsungsfaktoren

Für das Abzinsen einer Zahlung beziehungsweise eines Zahlungsstromes stehen zahlreiche Verfahren zur Verfügung. Eine allgemein übliche Methodik ist das direkte Abzinsen mit Hilfe sogenannter Abzinsungsfaktoren, die in diesem Buch verwendet werden. Der diskrete Abzinsungsfaktor B wird wie folgt definiert:[21]

$$B_R^{DIS}(t_j|t_0) \equiv [1 + R^{DIS}(t_0;t_j)]^{-[t_j-t_0]} \qquad (2.10)$$

Die Termineffektivverzinsung (Forward-Yield) entspricht der Effektivverzinsung für den Zeitraum t_i bis t_j auf Basis der vertraglichen Vereinbarung am Betrachtungszeitpunkt t_0. Ihr Abzinsungsfaktor B wird aus Gleichung (2.10) hergeleitet und beträgt[22]:

$$B_R^{DIS}(t_i;t_j|t_0) = \frac{B_R^{DIS}(t_0;t_j)}{B_R^{DIS}(t_0;t_i)} \qquad (2.11)$$

Die dazugehörige, diskrete Termineffektivverzinsung R wird aus den Gleichungen (2.10) und (2.11) hergeleitet und beträgt:[23]

$$R^{DIS}(t_i;t_j|t_0) = \frac{[1 + R^{DIS}(t_0;t_j)]^{\left[\frac{t_j-t_0}{t_j-t_i}\right]}}{[1 + R^{DIS}(t_0;t_i)]^{\left[\frac{t_i-t_0}{t_j-t_i}\right]}} - 1 \qquad (2.12)$$

---

ausfallende Mitarbeiter, ineffiziente Arbeitsprozesse oder auch fehlende Arbeits- und Qualitätskontrollen wie das Vieraugenprinzip.

[21] Vgl. Deutsch (2001), S. 19
Vgl. Hull (2001), S. 71
Vgl. Ross et al. (1993), S. 163-165
Vgl. Sievi (1996), S. 116-118
Vgl. Steiner/Bruns (2000), S. 138
[22] Vgl. Deutsch (2001), S. 24
[23] Vgl. Deutsch (2001), S. 25
Vgl. Hull (2001), S. 133-136
Vgl. Steiner/Bruns (2000), S. 152-155

2.3 Barwert einer Transaktion

Jede Transaktion entspricht einem vertraglich vereinbarten Zahlungsstrom, dessen Einzelzahlungen in der Gegenwart und Zukunft fällig sind; Zahlungen in der Vergangenheit bleiben unberücksichtigt. Jede Einzelzahlung wird diskret auf den Betrachtungszeitpunkt t_0 abgezinst; die Summe der Einzelbarwerte entspricht dem Barwert der Transaktion:[24]

$$V_D^{DIS}(t_0) = \sum_{j=1}^{J} C_{Dj}(t_j) \cdot B_R^{DIS}(t_0; t_j) \qquad (2.13)$$

$$\forall t_j \in \,]t_0; t_J]$$

In der Tat ist dieses Verfahren eine Art Abkürzung. Tatsächlich werden die Einzelzahlungen nicht abgezinst, sondern durch passende, komplementäre Gegenpositionen, die die Form von Nullkuponanleihen haben, kompensiert. Deshalb besteht die Refinanzierung aus refinanzierenden Einzelgegenpositionen, deren aufaddierte (Bar-)Werte zum Betrachtungszeitpunkt dem Barwert der Transaktion entsprechen. Da Nullkuponanleihen nicht im erforderlichen Maße an den Geld- und Kapitalmärkten erhältlich sind, ist es allgemein üblich, deren Effektivverzinsung über die Umwandlung von Effektivverzinsungen marktgängigerer, festverzinslicher Anleihen zu ermitteln. Dieses Verfahren wird auch als Bootstrapping bezeichnet.[25] Dieses Bootstrapping basiert auf dem Opportunitätsprinzip.[26] Die tatsächliche Realisierung eines Barwertes ist hingegen nur über das Gegenpositionsprinzip möglich.[27] Im übrigen ist die Barwertbildung superadditiv: Der Barwert des (Gesamt-)Portfolios ist größer oder gleich der Summe der Einzelbarwerte der sich im Port-

---

[24] Vgl. Deutsch (2001), S. 277
Vgl. Ross et al. (1993), S. 86-90
Vgl. Schierenbeck (1999a), S. 178-202
Vgl. Sievi (1996), S. 116-118
[25] Vgl. Deutsch (2001), S. 467-472
[26] Vgl. Schierenbeck (1999a), S. 125-127
[27] Vgl. Schierenbeck (1999a), S. 131-136
Vgl. Sievi (1996), S. 19-21, 55-56

folio befindenden Transaktionen. Grund hierfür ist das Vermeiden der Geld-/Briefdifferenz bei der durch sich gegenseitig ganz oder teilweise aus den Transaktionen kompensierenden Zahlungen reduzierten Refinanzierung.[28]

2.4 Nettobarwert einer Transaktion

Neben dem Barwert ist der Nettobarwert definiert als Barwert der Transaktion abzüglich deren Refinanzierung. Da es keine klare Definition hinsichtlich des Nettobarwertes gibt, hängt sein Wert von der Betrachtungsweise ab. Der Nettobarwert entspricht im Falle

- einer neu aufgesetzten Transaktion dem Barwert der Transaktion abzüglich der Initialzahlung zum Betrachtungszeitpunkt t_0;
- einer Handelstransaktion dem Barwert abzüglich der Refinanzierung über das sogenannte Cash-Account;
- einer bereits laufenden Transaktion dem Barwert abzüglich dem nominalen Restkapital, das auf der Basis einer hundertprozentigen Auszahlung ermittelt wird (sogenanntes Vergleichskonto mit Hilfe effektivzinsproportionaler Agio- beziehungsweise Disagioverteilung).[29]

Abhängig von der jeweiligen Definition einer Refinanzierung können zusätzliche Komponenten wie erwartetes Risiko und Betriebskosten mitberücksichtigt werden.

Deshalb wird der Nettobarwert allgemein als Barwert abzüglich einer allgemeinen Refinanzierung F definiert. Diese allgemeine Refinanzierung beinhaltet die initiale Zahlung, das Cash-Account beziehungsweise das nominale Restkapital je nach Fall und wird somit allgemein geschrieben als:

---

[28] Vgl. Sievi (1996), S. 355-356
[29] Vgl. Krämer/Sievi (1996), S. 134-135

$$V_D^{NET\,DIS}(t_0) = V_D^{DIS}(t_0) - V_{D_F}^{DIS}(t_0) \qquad (2.14)$$

2.5 TERMINWERT EINER TRANSAKTION

Die bisher auf den Betrachtungszeitpunkt t_0 bezogene Barwertermittlung kann ebenfalls auf die Ermittlung eines Terminwertes verwendet werden. Hierbei werden die entsprechenden Termineffektivverzinsungen aus Gleichung (2.12) verwendet:[30]

$$V_D^{DIS}(t_h|t_0) \equiv \sum_{j=1}^{J} C_{D_i}(t_j) \cdot B_R^{DIS}(t_h;t_j|t_0) \qquad (2.15)$$

$\forall t_h = [t_0;t_H]$
$\forall t_h \in [t_h;t_J]$
$t_j \geq t_h$

Das Ergebnis ist eine Funktion des Barwertes und der Terminwerte der zugrundeliegenden Transaktion vom Betrachtungszeitpunkt t_0 bis zum Ende der Halteperiode t_H. Falls die Transaktion vor dem Ende der Halteperiode fällig werden sollte, wird der Terminwert in diesem Zeitintervall mit Null angesetzt:

$$V_D^{DIS}(t_h|t_0) \equiv 0 \qquad (2.16)$$

$t_J < t_H$
$\forall t_h \in [t_J;t_H]$

---

[30] Vgl. Deutsch (2001), S. 23-25, S. 277
Vgl. Hull (2001), S. 76-78
Vgl. Ross et al. (1993), S. 92

2.6 EIGENKAPITALNUTZEN

Der Begriff des Eigenkapitalnutzens, oft benutzt, aber ebenso oft nicht klar definiert, ist ein einfaches Ergebnis der logischen Weiterentwicklung des Bankcontrollings, das im allgemeinen auf folgenden Annahmen beruht:

- Die Laufzeit des ökonomischen Eigenkapitals ist gemäß dem Going-concern-Prinzip unendlich.[31]
- Gemäß dem Transferpreismodell müssen die Refinanzierungszahlungen den Transaktionszahlungen komplementär, also entgegengesetzt kongruent sein, das heißt, die Zahlungen müssen hinsichtlich Währung, Fälligkeit und Betrag übereinstimmen und hinsichtlich Vorzeichen entgegenstehen (siehe Kapitel 2.3).[32]

Da Transaktionen eine endliche, Eigenkapital aber eine unendliche Laufzeit besitzen, kann das Eigenkapital folglich nicht als Refinanzierungsquelle verwendet werden, ohne die oben aufgestellten Annahmen zu verletzen und eine Risikoposition ungeschlossen zu lassen. Stattdessen wird das Eigenkapital als Risikopuffer für das aus offenen Risikopositionen resultierende unerwartete Risiko verwendet.[33]

Nun ist es in der Theorie nicht möglich, Eigenkapital mit einer unendlichen Laufzeit zu refinanzieren, sprich anzulegen. Ein allgemein üblicher, praktikabler Ansatz zur Umgehung der theoretischen Unmöglichkeit ist die Anlage in revolvierenden, langfristigen, risikofreien, festverzinslichen Anleihen, die eine weitgehend geglättete Effektivmarge, den sogenannten Eigenkapitalnutzen, generieren.[34] Dieser kann in Form eines Deckungsbeitrags 4 (siehe Kapitel 1.2) den Risikopositi-

---

[31] Vgl. Wöhe (1993), S. 1067
[32] Vgl. Sievi (1996), S. 77-92
[33] Vgl. Schierenbeck (1999b), S. 16-38
[34] Vgl. Anders (2000), S. 314-317
    Vgl. Rolfes (1999), S. 40
    Vgl. Sievi (1996), S. 224-254

onen zugeordnet werden. Der Eigenkapitalnutzen als Effektivverzinsungsmarge wird wie folgt geschrieben werden:

$$R_{Q_0} \geq 0 \tag{2.17}$$

3 HARMONISIERUNG DER FINANZDIMENSIONEN

3.1 DERZEITIGER STATE-OF-THE-ART-ANSATZ

Der im Kapitel 1.2 erläuterte RAROC ist der derzeitige State-of-the-Art-Ansatz.

3.2 METHODISCHE SCHWÄCHEN

Der derzeitige Ansatz des RAROC besitzt zwei grundlegende Schwächen, nämlich die fehlende Harmonierung der Finanzdimensionen, insbesondere der Bestands- und Flußgrößen, und die inkonsistente Verwendung der Halteperiode für das ökonomische Eigenkapital.

Flußgröße versus Bestandsgröße

In der Physik besteht jede Gleichung aus zwei Teilen, der quantitativen Berechnung und der physikalischen Dimension, ausgedrückt in physikalischen Einheit(en). In der Finanzwelt interessiert man sich vorrangig für das quantitative Ergebnis und vernachlässigt oft die "finanziellen Einheiten". Diese Vernachlässigung kann zu Ergebnissen, die nicht mehr interpretierbar sind, führen, denn es ist dasselbe, als wenn zwei Entfernungen, zum Beispiel 5 und 3, zusammengezählt 8 ergeben – obwohl es 5 Kilometer und 3 Meilen sind. Es mag einfach sein, solche Zahlen zu addieren, aber das Ergebnis 8 ist aufgrund der unterschiedlichen Einheiten fast nicht interpretierbar.

Bei der Kennzahlenberechnung passen beim RAROC die finanziellen Dimensionen der einzelnen Komponenten[35], wie in Kapitel 1.2 beschrieben, nicht zusammen:

- Der Zähler des RAROC ist eine Flußgröße, unabhängig davon, ob er als Barwert oder als laufende Marge dargestellt ist;
- das ökonomische Eigenkapital im Nenner ist bisher stets eine Bestandsgröße.
- Eine Effektivverzinsung benötigt bei Bestandsgrößen stets einen Verzinsungszeitraum, der beim RAROC fehlt.

Folglich ist eine Konvertierung für ein dimensions- und einheitengleiches Ergebnis erforderlich. Entweder wird die Flußgröße im Zähler in eine Bestandsgröße oder die Bestandsgröße im Nenner in eine Flußgröße konvertiert. Da die meisten Werte in finanziellen Berechnungen Flußgrößen sind, wird im folgenden die Konvertierung der Bestandsgröße des ökonomischen Eigenkapitals in eine Flußgröße beschritten.

Individuelle Halteperiode für ökonomisches Eigenkapital je Risikokategorie

Im allgemeinen wird das unerwartete Risiko verschiedener Risikoklassen, insbesondere der des Markt- und des Kreditrisikos und, falls möglich, der des Betriebsrisikos, zunächst separat gemessen. Die offenen Risikopositionen innerhalb einer Risikoklasse können innerhalb einer vorab definierten Halteperiode geschlossen werden. Diese Halteperiode kann sich je nach Risikoklasse aufgrund unterschiedlicher Liquidität und Struktur der Märkte, aber durchaus auch aufgrund rechtlicher Vorschriften unterscheiden.

---

[35] Vgl. Schierenbeck (1999b), pg. 496-515

- Beim Marktrisiko können die offenen Risikopositionen in der Regel innerhalb weniger Tage oder wenigstens innerhalb eines Monats geschlossen werden.
- Beim Kreditrisiko sind die Märkte nicht ganz so flexibel und liquide. Das Schließen offener Risikopositionen kann durchaus bis zu einem Jahr dauern. Es ist sogar möglich, daß bestimmte Transaktionen von den Märkten gar nicht aufgenommen werden. Es ist folglich überlegenswert, ob die Halteperiode in solchen Fällen nicht bis zur Fälligkeit der Transaktionen ausgedehnt wird.
- Offene Risikopositionen beim Betriebsrisiko können ebenfalls üblicherweise innerhalb eines Jahres geschlossen werden.

Es ist offensichtlich, daß die Halteperioden der einzelnen Risikoklassen nicht miteinander harmonieren. Das ökonomische Eigenkapital der jeweiligen Risikoklassen kann somit nicht direkt aggregiert[36] werden; ein trotz alledem kalkulierter RAROC wäre nicht mehr aussagefähig.

Bisher ist es üblich, zur Lösung dieses Problems die Halteperioden und somit den Betrag des ökonomischen Eigenkapitals zu skalieren, was auf den ersten Blick eine Harmonisierung zu sein scheint. Aber dieser Weg basiert auf der Annahme, daß die offenen Risikopositionen in der neuen, skalierten Halteperiode weiterhin schließbar seien. Eine Kreditrisikoposition, deren ökonomisches Eigenkapital auf die Halteperiode des Marktrisikos skaliert worden ist, kann aber nicht innerhalb der kürzeren Zeit geschlossen werden, und deren Preis würde sich mit an Sicherheit grenzender Wahrscheinlichkeit in größerem Maße als kalkuliert verschlechtern. Umgekehrt würde eine Marktrisikoposition, deren ökonomisches Eigenkapital auf eine Halteperiode des Kreditrisikos hochskaliert worden wäre, innerhalb dieser Zeit längst geschlossen sein, und das erforderliche, zu unterlegende ökonomische Eigenkapital wäre viel zu hoch ausgewiesen.

---

[36] Da das gesamte unerwartete Risiko der Risikoklassen aufgrund von Korrelationseffekten subadditiv ist, wird der verallgemeinernde und die Subadditivität subsumierende Begriff der Aggregation verwendet.

3.3 Erste Neuentwicklung

Eigenkapitalbestandsfunktion

Bekanntermaßen werden offene Risikopositionen mit ökonomischem Eigenkapital unterlegt. Der erforderliche Eigenkapitalbetrag, wird definiert als der Faktor q im Verhältnis zum Barwert beziehungsweise Terminwert der zu unterlegenden Transaktion über die Laufzeit der Halteperiode – abgeleitet von Gleichung (2.15):

$$V_{Q_D}^{DIS}(t_h|t_0) \equiv q_{V_D}^{DIS}(t_h|t_0) \cdot V_D^{DIS}(t_h|t_0) \tag{3.1}$$

$$\forall t_h = [t_0; t_H]$$

Das Ergebnis ist eine Verteilung des erforderlichen ökonomischen Eigenkapitals über die Halteperiode, die Eigenkapitalbestandsfunktion.

Eigenkapitalflußfunktion

Im nächsten Schritt wird die Eigenkapitalbestandsfunktion in eine Flußfunktion umgewandelt, indem aus der Eigenkapitalbestandsfunktion ihre Differenzen grenzwertig ermittelt werden:

$$C_{Q_D}^{DIS}(t_h|t_0) \equiv \lim_{\varepsilon \to 0} V_{Q_D}^{DIS}(t_{h+\varepsilon}|t_0) - V_{Q_D}^{DIS}(t_h|t_0) \tag{3.2}$$

$$\forall t_h = [t_0; t_H]$$

Das Ergebnis ist eine nichtstetige Funktion, die also statt Differentiation durch Differenzenbildung ermittelt worden ist.

Im Normalfall einfacher Transaktionen beinhaltet die Eigenkapitalbestandsfunktion eine negative (positive) Zahlung zu Beginn und positive (negative) Rückzahlungen in der Zukunft bis zur Fälligkeit der Transaktion. Bei komplexeren Transaktionen können Ein- und Auszahlungen beliebig erfolgen. Nichtsdestotrotz gilt für jede Eigenkapitalflußfunktion, daß die Summe aller ihrer Zahlungen Null aus Gleichung (3.2) zunächst Null ergeben, da bislang die Ertragskomponenten noch nicht integriert sind:

$$\sum_{h=0}^{H} C_{Q_D}^{DIS}(t_h|t_0) = 0 \qquad (3.3)$$

Aus Gleichung (3.3) folgt, daß die diskrete Effektivverzinsung[37] zunächst Null ist, weil Zinszahlungen unberücksichtigt bleiben.

Aggregation verschiedener Risikoklassen

Die gesamte Eigenkapitalflußfunktion entspricht der Aggregation der Eigenkapitalflußfunktionen jeder Risikoklasse k. Die Halteperioden jeder Risikoklasse bleiben unverändert:

$$C_{Q_D}^{DIS}(t_h|t_0) = \sum_{k=1}^{K} C_{Q_{D_k}}^{DIS}(t_{h_k}|t_0) \qquad (3.4)$$

$$\forall t_{h_k} = [t_0; t_{H_k}]$$

$$\forall k = [1;...;K]$$

Das Vorzeichen sowohl des aggregierten Eigenkapitalzahlungsstromes als auch jedes einzelnen Eigenkapitalzahlungsstromes je Risikoklasse k wechselt nur einmal. Nach der Regel von Descartes[38] erlaubt diese Eigenschaft die eindeutige Bestimmung einer Effektivverzinsung, die allerdings wie in Gleichung (3.3) zunächst Null beträgt.

Eine solche Aggregation kann auch auf subadditive Größen wie beispielsweise den Value-at-Risk angewandt werden. Die durch die subadditive Eigenschaft[39] hervorgerufenen Reduktionen können durch eine

---

[37] Vgl. Deutsch (2001), S. 23-25
Vgl. Hull (2001), S. 71
Vgl. Schierenbeck (1999a), S. 149-169
Vgl. Sievi (1996), S. 30-34
Vgl. Steiner/Bruns (2000), S. 141-142
[38] Vgl. Stachuletz, S. 8-15
[39] Vgl. Tasche (2008), S. 199-200

einfache negative Aggregation gemäß Gleichung (3.4) kompensiert werden.[40]

$$V_{Q_U} = \sum_{i=1}^{I} V_{Q_{U_i}} - V_{\rho_{Q_U}}$$ (3.5)

3.4 ERGEBNIS

Das Ergebnis ist ein Satz von vier Resultaten. Die Performance des ökonomischen Eigenkapitals kann dargestellt werden entweder

- als die Performance vor Eigenkapitalnutzen (Deckungsbeitrag 3),
- oder als Performance nach Eigenkapitalnutzen (Deckungsbeitrag 4).

Jede Performance wiederum kann

- als Barwert
- oder als diskrete Effektivverzinsung[41]

dargestellt werden.

Eigenkapitaleffektivverzinsung vor Eigenkapitalnutzen

Die Performance des Eigenkapitals entspricht dem Deckungsbeitrag 3, der im Kapitel 1.2 in den folgenden beiden Spezifikationen auftritt:

---

[40] Da das gesamte unerwartete Risiko der Risikoklassen aufgrund von Korrelationseffekten subadditiv ist, wird der verallgemeinernde Begriff der Aggregation verwendet.
[41] Eine stetige Verzinsung ist nicht möglich, weil die Eigenkapitalflußfunktion diskret ist.

a) Barwertdarstellung

Der Nettobarwert der Eigenkapitaleffektivverzinsung vor Eigenkapitalnutzen der Transaktion beziehungsweise der Deckungsbeitrag 3 gemäß Kapitel 1.2 beträgt:

$$V_{Q_D}^{DIS^*}(t_0) \equiv V_D^{NET\,DIS}(t_0) \tag{3.6}$$

b) Effektivverzinsungsdarstellung

Die Berechnung der Eigenkapitaleffektivverzinsung vor Eigenkapitalnutzen entspricht der Ermittlung des Effektivzinssatzes[42]. Die Zahlungsstromstruktur, deren Effektivverzinsung zu ermitteln ist, entspricht der in Gleichung (3.2) aufgestellten, mit dem Effektivzinssatz abgezinsten Zahlungsstromfunktion, die dem in Gleichung (3.6) aufgestellten Nettobarwert vor Eigenkapitalnutzen gleichgestellt wird:

$$V_{Q_D}^{DIS^*}(t_0) \equiv \sum_{h=0}^{H} C_{Q_D}^{DIS}(t_h|t_0) \cdot B_{R^*}^{DIS}(t_0;t_h) \tag{3.7}$$

$$\forall t_h = [t_0; t_H]$$

Jeder Abzinsungsfaktor B dieser Gleichung basiert auf derselben Effektivverzinsung auf das ökonomische Eigenkapital R^*. Diese Effektivverzinsung R^* ist aus der oben genannten Gleichung iterativ – ähnlich der Bestimmung des Effektivzinssatzes[43] – extrahiert:

---

[42] Vgl. Deutsch (2001), S. 23-25
Vgl. Hull (2001), S. 71
Vgl. Schierenbeck (1999a), S. 149-169
Vgl. Sievi (1996), S. 30-34
Vgl. Steiner/Bruns (2000), S. 141-142
[43] Vgl. Deutsch (2001), S. 23-25
Vgl. Hull (2001), S. 71
Vgl. Schierenbeck (1999a), S. 149-169
Vgl. Sievi (1996), S. 30-34
Vgl. Steiner/Bruns (2000), S. 141-142

$$V_{Q_D}^{DIS^*}(t_0) = \sum_{h=0}^{H} C_{Q_D}^{DIS}(t_h|t_0) \cdot B_R^{DIS}(t_0;t_h) \qquad (3.8)$$

$$= \sum_{h=0}^{H} C_{Q_D}^{DIS}(t_h|t_0) \cdot \left[1 + R^{DIS^*}\right]^{-[t_h - t_0]}$$

$$\Rightarrow R^{DIS^*}(t_0)$$

$\forall h \in [0; H]$

Eigenkapitaleffektivverzinsung nach Eigenkapitalnutzen

Die Effektivverzinsung des ökonomischen Eigenkapitals nach Eigenkapitalnutzen entspricht dem in Kapitel 1.2 dargestellten Deckungsbeitrag 4.

c) Effektivverzinsungsdarstellung

Bei der Effektivverzinsungsberechnung wird lediglich zum gegebenen Eigenkapitalnutzen die Effektivverzinsung des ökonomischen Eigenkapitals vor Eigenkapitalnutzen addiert:[44]

$$R^{DIS^{**}} = R^{DIS^*} + R_{Q_0} \qquad (3.9)$$

Genaugenommen ist die Addition zweier diskreter Effektivzinssätze eine kleine Vereinfachung, denn diskrete Effektivzinssätze sind superadditiv. Eine einfache Addition ist nur bei stetigen Effektivzinssätzen möglich.

---

[44] Die Addition beider diskreter Effektivzinssätze ist eine kleine Vereinfachung. Tatsächlich sind nur stetige Effektivzinssätze additiv. Diskrete Effektivzinssätze hingegen sind superadditiv.

d) Barwertdarstellung

Die Effektivverzinsung des ökonomischen Eigenkapitals nach Eigenkapitalnutzen wird in Gleichung (3.7) eingesetzt.

(3.10)
$$V_{Q_D}^{DIS**}(t_0) = \sum_{h=0}^{H} C_{Q_D}^{DIS}(t_h|t_0) \cdot B_{R**}^{DIS}(t_0;t_h)$$
$$= \sum_{h=0}^{H} C_{Q_D}^{DIS}(t_h|t_0) \cdot \left[1 + R^{DIS**}\right]^{-[t_h - t_0]}$$
$$\forall t_h = [t_0; t_H]$$

Das neue, in diesem Buch vorgestellte Modell eliminiert die in Kapitel 3.2 genannten Schwächen. Das ökonomische Eigenkapital wird dimensionsgleich in die RAROC-Ermittlung integriert.

3.5 Beispiel

Eine Bank halt eine offene Risikoposition in Höhe von 10.000.000 Währungseinheiten, was der Eigenkapitalauslastung der gesamten Bank entspricht:

$$V_{Q_U}(t_0) = 1 \cdot 10^7$$

Der Nettobarwert dieser offenen Risikoposition wird mit 500.000 Währungseinheiten angenommen:

$$V_D^{NET\,DIS}(t_0) = 5 \cdot 10^4$$

Darüberhinaus wird die Markteffektivverzinsungskurve konstant mit 4 % p. a. angenommen:

$$R^{DIS}(t_0;t_h) = 0{,}04$$

Die Eigenkapitalbestandsfunktion gemäß Gleichung (3.1) wird als Stufenfunktion innerhalb der Halteperiode mit Stufen alle fünf Tage wie folgt angenommen:

$$V_{Q_D}^{DIS}(t_h|t_0) \equiv q_{V_D}^{DIS}(t_h|t_0) \cdot V_D^{DIS}(t_h|t_0)$$

$$= \begin{cases} t_0 \leq t_h < t_1 : & 1 \cdot 10^7 \\ t_1 \leq t_h < t_2 : & 9 \cdot 10^6 \\ t_2 \leq t_h \leq t_H : & 7 \cdot 10^6 \\ t_h > t_H : & 0 \end{cases}$$

Gemäß Gleichung (3.2) lautet die korrespondierende Eigenkapitalflußfunktion:

$$C_{Q_D}^{DIS}(t_h|t_0) \equiv \lim_{\varepsilon \to 0} V_{Q_D}^{DIS}(t_{h+\varepsilon}|t_0) - V_{Q_D}^{DIS}(t_h|t_0)$$

$$= \begin{cases} t_h = t_0 : & +1 \cdot 10^7 \\ t_h = t_1 : & -1 \cdot 10^6 \\ t_h = t_2 : & -2 \cdot 10^6 \\ t_h = t_H : & -7 \cdot 10^6 \end{cases}$$

Es wird angenommen, daß dieses Eigenkapital einen konstanten Eigenkapitalnutzen in Höhe von 5 % p. a. erwirtschaftet:

$$R_{Q_0}(t_0) = 0,05$$

Der Nettobarwert der Eigenkapitaleffektivverzinsung vor Eigenkapitalnutzen beträgt gemäß Gleichung (3.6) folglich:

$$V_{Q_D}^{DIS^*}(t_0) \equiv V_D^{NET\ DIS}(t_0)$$
$$= 5 \cdot 10^4$$

Die Eigenkapitaleffektivverzinsung vor Eigenkapitalnutzen beträgt gemäß Gleichung (3.8) unter der Annahme der deutschen Zinstagemethode:

$$V_{Q_D}^{DIS^*}(t_0) = \sum_{h=0}^{H} C_{Q_D}^{DIS}(t_h|t_0) \cdot B_R^{DIS}(t_0;t_h) \Leftrightarrow$$

$$0 = \begin{cases} [1 \cdot 10^7 - 5 \cdot 10^4] \cdot [1 + R^{DIS^*}]^{-0} \\ -[1 \cdot 10^6] \cdot [1 + R^{DIS^*}]^{-\frac{5}{360}} \\ -[2 \cdot 10^6] \cdot [1 + R^{DIS^*}]^{-\frac{10}{360}} \\ -[7 \cdot 10^6] \cdot [1 + R^{DIS^*}]^{-\frac{15}{360}} \end{cases}$$

$$\Rightarrow R^{DIS^*}(t_0) \approx 0{,}14893 \approx 14{,}89\%$$

Die Eigenkapitaleffektivverzinsung nach Eigenkapitalnutzen beträgt gemäß Gleichung (3.9):

$$R^{DIS^{**}} = R^{DIS^*} + R_{Q_0}$$
$$\approx 0{,}14893 + 0{,}05$$
$$\approx 0{,}19893 \approx 19{,}89\%$$

Der Nettobarwert des ökonomischen Eigenkapitals nach Eigenkapitalnutzen beträgt gemäß Gleichung (3.10):

$$V_{Q_D}^{DIS^{**}}(t_0) = \sum_{h=0}^{H} C_{Q_D}^{DIS}(t_h|t_0) \cdot B_{R^{**}}^{DIS}(t_0;t_h)$$

$$= \begin{cases} [1 \cdot 10^7] \cdot [1 + 0{,}19893]^{-0} \\ -[1 \cdot 10^6] \cdot [1 + 0{,}19893]^{-\frac{5}{360}} \\ -[2 \cdot 10^6] \cdot [1 + 0{,}19893]^{-\frac{10}{360}} \\ -[7 \cdot 10^6] \cdot [1 + 0{,}19893]^{-\frac{15}{360}} \end{cases}$$

$$\approx 65.288{,}32$$

4 SKALIERTES ÖKONOMISCHES EIGENKAPITAL

4.1 DERZEITIGER STATE-OF-THE-ART-ANSATZ

Ein Nebeneffekt der ersten Neuentwicklung im Kapitel 3.2 zeigt, daß die Halteperiode einer Risikoklasse nicht ohne methodische Schwächen abänderbar ist. Nichtsdestotrotz ist eine Skalierung im besonderen Falle notwendig, wenn das zugrundeliegende Risikoquantifizierungsmodell nicht oder nur unter erschwerten Bedingungen in der Lage ist, das Risiko auf Basis der erforderlichen Halteperiode zu ermitteln.[45] Im allgemeinen basiert der analytische Ansatz des Value-at-Risk-Modells für das Marktrisiko auf einer Eintagesperiode. Da für das Schließen der offenen Risikopositionen mehrere Tage veranschlagt werden, wird der Eintages-Value-at-Risk auf die erforderliche Halteperiode skaliert. Beim analytischen Value-at-Risk-Ansatz und seinen Annahmen wird der zunächst ermittelte Value-at-Risk um einen Faktor u gemäß der sogenannten Wurzel-t-Regel[46], die aus dem Value-at-Risk-Modell abgeleitet ist, skaliert:

$$u_{H\left(t_{H_i},t_{H_j}|t_0\right)} = \sqrt{\frac{t_{\left(H_j|t_0\right)}}{t_{\left(H_i|t_0\right)}}} \quad (4.1)$$

---

[45] Die Value-at-Risk-Berechnung basiert auf stochastisch unabhängigen Marktdaten, insbesondere den Volatilitäten der Marktdaten. Stochastisch unabhängige Eintagesvolatilitäten sind ermittelbar. Volatilitäten längerer Perioden würden entweder zu (stochastisch abhängigen) Autokorrelationen führen oder auf weit in der Vergangenheit zurückliegenden und somit nicht mehr aussagekräftigen Daten basieren. Deshalb ist es wesentlich einfacher, zunächst auf Basis von Eintagesvolatilitäten einen Eintages-Value-at-Risk zu ermitteln und ihn anschließend auf die erforderliche Halteperiode hochzuskalieren.
Vgl. Deutsch (2001), S. 372-373
[46] Vgl. Deutsch (2001), S. 372-373
Vgl. Schierenbeck (1999b), S. 64

$\forall i, j \in \{1; ...; J\}$

Die folgende Darstellung zeigt, wie der Eigenkapitalbetrag gemäß der Wurzel-t-Regel bei längerer Halteperiode ansteigt:[47]

Abbildung 3: Skalierung der Wurzel-t-Regel

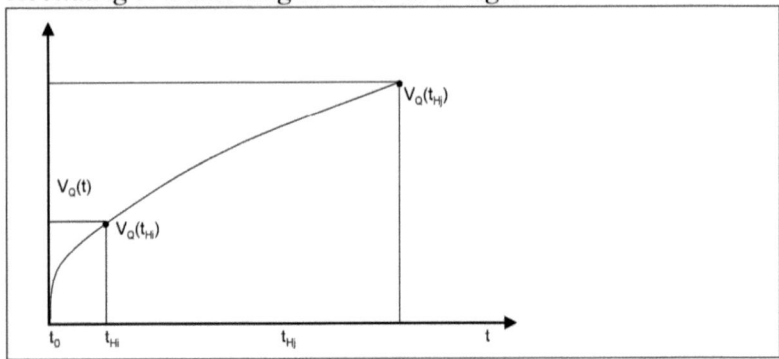

Die erforderliche Halteperiode läuft vom Betrachtungszeitpunkt t_0 bis zum Ende der zunächst kalkulierten Halteperiode t_{Hi}, wobei das Eigenkapital dem Wert $V_Q(t_{Hi})$ entspricht. Das für die Halteperiode vom Betrachtungszeitpunkt t_0 bis t_{Hj} erforderliche Eigenkapital entspricht durch die Skalierung mit Hilfe des Skalierungsfaktors u gemäß Gleichung (4.1) $V_Q(t_{Hi})$ der sogenannten Skalierungsfunktion:

$$V_{Q(t_0; t_{H_j}|t_0; t_{H_i})} = V_{Q(t_0; t_{H_i})} \cdot u_{H(t_{H_i}; t_{H_j}|t_0)} \tag{4.2}$$

---

[47] Der Risikobetrag und folglich das zu unterlegende ökonomische Eigenkapital wachsen aufgrund der Modellnähe zur numerischen Beschreibung der Brownschen Molekularbewegung proportional zur Quadratwurzel der Zeit. Hierbei wächst die durchschnittliche Entfernung, die dem Risiko entspricht, linearproportional zur Varianz der Entfernung. Folglich ist sie proportional zur Quadratwurzel der Standardabweichung, also der Volatilität.
Vgl. Deutsch (2001), S. 26-34
Vgl. Schierenbeck (1999b), S. 64-65

4.2 Methodische Schwächen

Der derzeitige Ansatz nimmt das unerwartete Risiko als konstant über die gesamte Halteperiode an. Diese Schwäche entsteht, weil die Wurzel-t-Regel lediglich eine Aussage über die Höhe des unerwarteten Risikos zu einem bestimmten Zeitpunkt, dem Ende der jeweiligen Halteperiode, macht; dieser Wert repräsentiert das unerwartete Risiko und dessen Entwicklung über die gesamte Halteperiode hinweg. Bei Verwendung eines solchen Ansatzes wird das unerwartete Risiko überschätzt.

4.3 Zweite Neuentwicklung

Aus der oben genannten Schwäche heraus wird eine Eigenkapitalbestandsfunktion eingeführt, die das Eigenkapital zu jedem Zeitpunkt darstellt (siehe Gleichung (4.2)). Hierfür wird zunächst die Halteperiode des benötigten Eigenkapitals in gleichgroße Intervalle unterteilt, und jedem Intervall wird der in diesem Intervall maximale Wert der Skalierungsfunktion zugeordnet.[48]

---

[48] Im allgemeinen ist es freigestellt, ob das Maximum, Minimum oder jeder beliebige Zwischenwert herangezogen wird. In diesem Beispiel wird das Maximum herangezogen, um "auf der sicheren Seite" zu sein, also um das inhärente Risiko nicht zu unterschätzen.

Abbildung 4: Eigenkapitalbestandsfunktion für Wurzel-t-Regel-Funktion

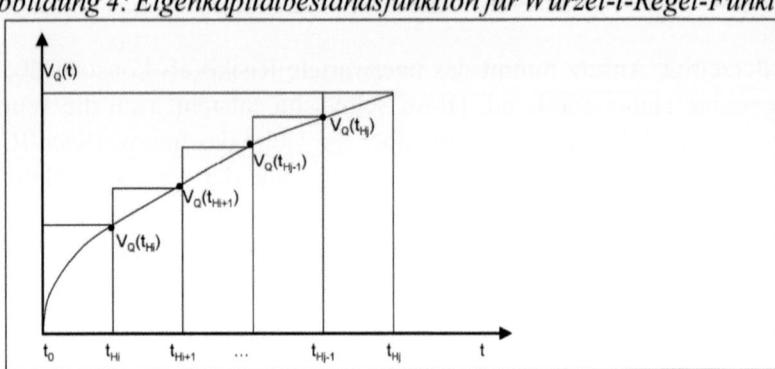

Numerisch wird es wie folgt geschrieben:

$$V_{Q_D}^{DIS^*}\left(t_0;t_{H_j}\big|t_{H_i}\right) = V_{Q_D}\left(t_0;t_{H_i}\right) \cdot \frac{H_i}{H_j} \cdot \sum_{k=1}^{H_j}\left([t_k - t_{k-1}] \cdot \sqrt{\frac{t_k}{t_{(H_i|t_0)}}}\right) \quad (4.3)$$

Im Vergleich zu den bisherigen Ansätzen, das ökonomische Eigenkapital über die Gesamtdauer der Halteperiode konstant zu halten, spart dieser Ansatz ökonomisches Eigenkapital um den Faktor w ein:

$$w_D^{DIS} = \frac{V_{Q_D}^{DIS^*}\left(t_0;t_{H_j}\big|t_{H_i}\right)}{V_{Q_D}\left(t_0;t_{H_j}\big|t_{H_i}\right)} \quad (4.4)$$

Die Grenzwertbildung, bei der die Zeitintervalle gegen Null tendieren, führt zu folgender Eigenkapitalbestandsfunktion:

$$V_{Q_D}^{CON^*}\left(t_0;t_{H_j}\big|t_{H_i}\right) = V_{Q_D}\left(t_0;t_{H_i}\right) \cdot \frac{t_{H_j} - t_0}{t_{H_j} - t_0} \cdot \int_{t_0}^{t_{H_j}} \sqrt{\frac{t_k}{t_{(H_i|t_0)}}} dt_k \quad (4.5)$$

Im Vergleich zu den bisherigen Ansätzen, das ökonomische Eigenkapital über die Gesamtdauer der Halteperiode konstant zu halten, spart dieser Ansatz ökonomisches Eigenkapital um den Faktor w ein:

$$w_D^{CON} = \frac{V_{Q_D}^{CON*}(t_0;t_{H_j}|t_{H_i})}{V_{Q_D}(t_0;t_{H_j}|t_{H_i})} \tag{4.6}$$

Die korrigierte Höhe ökonomischen Eigenkapitals ist stets kleiner als die bisheriger Ansätze:

$$\frac{V_{Q_D}^{*}(t_0;t_{H_i}|t_{H_j})}{V_{Q_D}(t_0;t_{H_i}|t_{H_j})} < 1 \tag{4.7}$$

4.4 Ergebnis

Der vorgestellte Ansatz reduziert den notwendigen Betrag an ökonomischem Eigenkapital gegenüber den bisherigen Ansätzen. In einem beispielhaften Fall, daß ökonomisches Eigenkapital mit einer Halteperiode von einem Tag zehn Geldeinheiten entspräche und von auf eine Halteperiode von zehn Tage hochskaliert würde, betrüge das ökonomische Ein-Tages-Eigenkapital V_Q nach den bisherigen Ansätzen 31,623 (gerundet), das ökonomische Eigenkapital V_Q^* des neuen Ansatzes hingegen nur 21,082 (gerundet), was einer Einsparung von 33,333 % (gerundet) entspräche.

Die Umwandlung des skalierten ökonomischen Eigenkapitals in seine entsprechende Eigenkapitalflußfunktion kann für den Ansatz der ersten Neuentwicklung in Kapitel 3 verwendet werden. Hierbei ist zu beachten, daß zwar beim Grenzwertübergang eine stetige Eigenkapitalflußfunktion zwar theoretisch ermittelbar wäre, aber für weitere Zwecke stets eine diskrete Eigenkapitalflußfunktion verwendet werden muß. Gemäß Gleichung (3.2) beträgt sie:

$$C_{Q_D}^{DIS}(t_0;t_{H_i}|t_0) = \lim_{\varepsilon \to 0} V_{Q_D}^{DIS}(t_{k+\varepsilon}|t_0;t_{H_i}) - V_{Q_D}^{DIS}(t_k|t_0;t_{H_i}) \qquad (4.8)$$

$$\forall t_k = [t_0;t_{H_j}]$$

4.5 BEISPIEL

Die Marktrisikoposition einer Bank mit einer Halteperiode von einem Tag wird mit 10.000.000 Währungseinheiten angenommen:

$$V_Q(t_0;t_{H_i}) = 1 \cdot 10^7$$

Die vordefinierte Halteperiode beträgt zehn Tage. Bei bisherigen Ansätzen beträgt das Zehn-Tages-Marktrisiko auf Basis der Wurzel-t-Regel und gemäß den Gleichungen (4.1) und (4.2):

$$V_Q(t_0;t_{H_j}|t_0;t_{H_i}) = V_Q(t_0;t_{H_i}) \cdot \sqrt{\frac{t_{(H_j|t_0)}}{t_{(H_i|t_0)}}}$$

$$= 1 \cdot 10^7 \cdot \sqrt{\frac{10}{1}}$$

$$\approx 31.622.776{,}60$$

Der diskrete Ansatz der zweiten Neuentwicklung beträgt gemäß Gleichung (4.3):

$$V_{Q_D}^{DIS*}(t_0;t_{H_j}|t_{H_i}) = V_{Q_D}(t_0;t_{H_i}) \cdot \frac{H_i}{H_j} \cdot \sum_{k=1}^{H_j}\left([t_k - t_{k-1}] \cdot \sqrt{\frac{t_k}{t_{(H_i|t_0)}}}\right)$$

$$= 1 \cdot 10^7 \cdot \frac{1}{10} \cdot \sum_{k=1}^{10}\left([t_k - t_{k-1}] \cdot \sqrt{\frac{t_k}{1}}\right)$$

$$\approx 22.468.278{,}19$$

Gemäß Gleichung (4.4) wird das benötigte ökonomische Eigenkapital um den Faktor w^{DIS} wie folgt reduziert:

$$w_D^{DIS} = \frac{V_{Q_D}^{DIS*}\left(t_0;t_{H_J}|t_{H_I}\right)}{V_{Q_D}\left(t_0;t_{H_J}|t_{H_I}\right)}$$

$$= \frac{22{,}468{,}278.19}{31{,}622{,}776.60}$$

$$\approx 71{,}051\%$$

Der stetige Ansatz der zweiten Neuentwicklung beträgt gemäß Gleichung (4.5):

$$V_{Q_D}^{CON*}\left(t_0;t_{H_J}|t_{H_I}\right) = V_{Q_D}\left(t_0;t_{H_J}\right) \cdot \frac{t_{H_J}-t_0}{t_{H_I}-t_0} \cdot \int_{t_0}^{t_{H_J}} \sqrt{\frac{t_k}{t_{(H_I|t_0)}}} dt_k$$

$$= V_{Q_D}\left(t_0;t_{H_J}\right) \cdot \frac{t_{H_J}-t_0}{t_{H_I}-t_0} \cdot \int_{t_0}^{t_{H_J}} \left[\frac{t_k}{t_{(H_I|t_0)}}\right]^{\frac{1}{2}} dt_k$$

$$= 1 \cdot 10^7 \cdot \frac{t_{H_J}-t_0}{t_{H_I}-t_0} \cdot \left[\frac{2}{3} \cdot \frac{1}{t_{(H_I|t_0)}} \cdot t_k^{\frac{3}{2}}\right]_{t_0}^{t_{H_J}}$$

$$= 1 \cdot 10^7 \cdot \frac{1}{10} \cdot \frac{2}{3} \cdot \left[10^{\frac{3}{2}} - 1\right]$$

$$\approx 20.415.184{,}40$$

Gemäß Gleichung (4.4) wird das ökonomische Eigenkapital um den Faktor w^{CON} wie folgt reduziert:

$$w_D^{CON} = \frac{V_{Q_D}^{CON*}\left(t_0;t_{H_J}|t_{H_I}\right)}{V_{Q_D}\left(t_0;t_{H_J}|t_{H_I}\right)}$$

$$= \frac{20.415.184{,}40}{31.622.776{,}60}$$

$$\approx 64{,}558\%$$

5 FLEXIBLE SOLLEFFEKTIVVERZINSUNG

Diese dritte Neuentwicklung verbessert den Limit-/Auslastungsansatz, bestimmt die dazugehörige, notwendige Eigenkapitaleffektivverzinsung, die sogenannte Hurdle-Yield, und erklärt, wie beide Komponenten interagieren. Das Ergebnis kann für die Implementierung eines kybernetischen Regelkreises verwendet werden, der eine Bank befähigt, das Geschäft jedes Geschäftsbereiches automatisch und unabhängig voneinander, quasi wie ein Autopilot, zu steuern.

5.1 DERZEITIGER STATE-OF-THE-ART-ANSATZ

Heutzutage wird eine Bank in der Regel über die Risiko-/Effektivverzinsungsbeziehung gesteuert. Eine solche Steuerung benötigt sowohl die Implementierung eines Limit-/Auslastungsansatzes[49] als auch die Ermittlung der Eigenkapitalsolleffektivverzinsung[50]. Zunächst wird ein Eigenkapitallimit festgelegt, das dem gesamten, der Bank zur Verfügung stehenden ökonomischen Eigenkapital entspricht:

$$V_{Q_L} > 0 \tag{5.1}$$

---

[49] Vgl. Schierenbeck (1999b), S. 498-499
Vgl. Haun/Kaltofen (2008, S. 95-97
[50] Vgl. Schierenbeck (1999b), S. 69-72

Jeder Geschäftsbereich i bekommt einen bestimmten Eigenkapitalanteil, das divisionale Eigenkapitallimit, zugewiesen:[51]

$$V_{Q_{L_i}} \subseteq V_{Q_L} \qquad (5.2)$$

Innerhalb dieses Limits ist der Geschäftsbereich i in der Entscheidung frei, wie dieses Eigenkapital ausgelastet wird. Es darf lediglich die Auslastung das Limit nicht überschreiten:

$$0 \leq V_{Q_{U_i}} \overset{!}{\leq} V_{Q_{L_i}} \qquad (5.3)$$

Ein solches divisionales Eigenkapitallimit wird in der Regel einmal jährlich neu verhandelt. Hierbei ist es schwierig zu erahnen, wie sich die Finanzmärkte und somit die Auslastung des ökonomischen Eigenkapitals entwickeln werden. Deshalb wird den Geschäftsbereichen in der Regel erlaubt, ihr divisionales Eigenkapitallimit in einem Genehmigungsprozeß unterjährig ihren Erfordernissen anzupassen. Da eine solche Anpassung jederzeit erfolgen können sollte, führt dieser Ansatz zur Implementierung einer internen Eigenkapitalbörse, deren Aufgabe es ist, den jeweiligen Geschäftsbereichen die gewünschten Eigenkapitallimite zur Verfügung zu stellen und hierfür eine adäquate Solleffektivverzinsung einzufordern.

Die Eigenkapitalauslastung der gesamten Bank ist definiert als das gesamte Eigenkapital, das erforderlich ist, um sämtliche, sich über alle Geschäftsbereiche erstreckenden offenen Risikopositionen zu unterlegen, und entspricht der Aggregation der divisionalen Eigenkapitalauslastungen inklusive eventueller Korrelationseffekte wie in Gleichung 3.5):[52]

$$V_{Q_U} = \sum_{i=1}^{I} V_{Q_{U_i}} - V_{\rho_{Q_U}} \qquad (5.4)$$

---

[51] In speziellen Fällen kann das divisionale Eigenkapitallimit das Eigenkapitallimit der gesamten Bank übersteigen. Dies passiert, wenn die offenen Risikopositionen zweier Geschäftsbereiche negativ miteinander korreliert sind. Da dieser Fall eher unüblich erscheint, werden die divisionalen Eigenkapitallimite stets als kleiner als das Eigenkapitallimit der gesamten Bank angenommen.
[52] Vgl. Schierenbeck (1999b), S. 501-504

Die Kombinierung des Eigenkapitallimits und der Eigenkapitalauslastung ist auch als Limit-/Auslastungsansatz bekannt.

Die erforderliche Eigenkapitalsolleffektivverzinsung ist die Effektivverzinsung, die von dem jeweiligen Geschäftsbereich beziehungsweise der gesamten Bank durch seine beziehungsweise ihre offenen Risikopositionen wenigstens erreicht oder sogar übertroffen werden soll. Der derzeitige State-of-the-Art-Ansatz bestimmt diese Eigenkapitalsolleffektivverzinsung mit Hilfe des Capital-Asset-Pricing-Modells[53]. Hierbei wird die Eigenkapitalsolleffektivverzinsung aus der Preisentwicklung der Aktien der Bank im relativen Verhältnis zum in Form eines Index dargestellten Aktienmarkt ermittelt:

$$E(R_j) = R_f + \beta_{j;M} \cdot [E(R_M) - R_f]\qquad(5.5)$$

mit

$$\beta_{j;M} = \frac{Cov_{j;M}}{\sigma_j \cdot \sigma_M}\qquad(5.6)$$

5.2 Methodische Schwächen

Bislang bestimmen State-of-the-Art-Verfahren die Eigenkapitalsolleffektivverzinsung über das Capital-Asset-Pricing-Modell. Die Eigenkapitalsolleffektivverzinsung hängt somit vom Preisverhalten der Bankaktie im Verhältnis zum Aktienindex ab. Ein solches Verfahren ist eine indirekte, vergangenheitsbezogene Rückkopplung, denn die Bewertung, welche Höhe die Eigenkapitalsolleffektivverzinsung annehmen soll, wird nicht direkt aus dem Bankgeschäft, sondern indirekt aus der Bewertung der Bankaktie durch den Aktienmarkt und gewonnen.

Es ist klar, daß die Verwendung vergangenheitsorientierter Daten für eine zukunftsgerichtete Aussage gegenwartsbezogenen Daten sowie die

---

[53] Vgl. Ross et al. (1993), S. 327-330
Vgl. Schierenbeck (1999a), S. 448-449
Vgl. Steiner/Bruns (2000), S. 21-26

indirekte Ermittlung einer Zielgröße hinsichtlich der Genauigkeit gegenüber einer direkten Ermittlung unterlegen sind.

Sowohl der derzeitige Limit-/Auslastungsansatz als auch die Bestimmung der Eigenkapitalsolleffektivverzinsung auf Basis des Capital-Asset-Pricing-Modells führen zu folgenden, nicht schlüssig beantwortbaren Fragen:

- Welches ist die optimale Eigenkapitalauslastung unter der Bedingung, daß das Eigenkapitallimit nicht überschritten wird? Einerseits wird eine 100%-Auslastung angestrebt, andererseits wäre bei Risikoerhöhungen kein Puffer mehr vorhanden.
- Welches ist das optimale divisionale Eigenkapitallimit für jeden jeweiligen Geschäftsbereich im Verhältnis zu seiner Auslastung?
- Weshalb soll die Eigenkapitalsolleffektivverzinsung, vom Preisverhalten der Bankaktie abhängen, obwohl der Aktienpreis nicht die Ursache, sondern die Wirkung des geschäftlichen Erfolgs der Bank ist? Es werden genaugenommen Ursache und Wirkung miteinander vertauscht.
- Welche Solleffektivverzinsung soll für das nichtausgelastete Eigenkapital der gesamten Bank, das also nicht einem Geschäftsbereich zur Verfügung gestellt worden ist, vorgegeben werden? Welcher Bereich ist hierfür zuständig und bekommt diesen Erfolg zugerechnet?
- Welche Eigenkapitalsolleffektivverzinsung ist jedem Geschäftsbereich für das ausgelastete divisionale Eigenkapital in Rechnung zu stellen; und welche Effektivverzinsung für das nichtausgelastete divisionale Eigenkapital?
- Die Eigenkapitalsolleffektivverzinsung, die aus dem Capital-Asset-Pricing-Modell hergeleitet worden ist, gibt nicht die Knappheit der Ressource Eigenkapital wieder, da sie nicht von der Eigenkapitalauslastung beziehungsweise vom nichtausgelasteten Eigenkapital als Residualgröße abhängt.

5.3 DRITTE NEUENTWICKLUNG

Wie so oft können die Quellen von Finanzmodellen in den Naturwissenschaften, vor allem in der Physik gefunden werden. Kubische Splines werden zum Beispiel zur Interpolierung von Effektivverzinsungskurven verwendet. Ursprünglich stammen sie aus dem Schiffbau. Sie beschreiben das Biegeverhalten elastischer Lineale, die an bestimmten Spantenstellen, den sogenannten Stützstellen, fixiert werden, durch eine Minimierung der inhärenten Biegeenergie.[54] Ein weiteres Beispiel sind die Bewertungsmodelle für Optionen, die von der Preisentwicklung an den Finanzmärkten abhängen. Eine solche stochastische Preisentwicklung basiert auf dem Modell der Brownschen Molekularbewegung.[55]

In Anbetracht der genannten Nachteile der derzeitigen State-of-the-Art-Ansätze wird ein vollständig anderes Modell entwickelt. Hierzu sind folgende Eigenschaften zu definieren beziehungsweise klarzustellen:

a) Das divisionale, nichtausgelastete Eigenkapital existiert nicht, das heißt, die divisionale Eigenkapitalauslastung entspricht dem divisionalen Eigenkapitallimit:

$$V_{Q_{v_i}} \equiv V_{Q_{l_i}} \tag{5.7}$$

Schließlich darf jeder Geschäftsbereich sein divisionales Eigenkapitallimit jederzeit seinen Erfordernissen über die interne Eigenkapitalbörse anpassen. Damit die Geschäftsbereiche keinen Anreiz zum Horten nichtausgelasteten Eigenkapitals haben, darf es nicht kostenfrei zur Verfügung gestellt werden. Folglich versucht jeder Geschäftsbereich das divisionale Eigenkapitallimit so knapp zu bemessen, daß die offenen Risikopositionen mit Eigenkapital gerade noch unterlegt sind. Im Optimum konvergiert der nichtausge-

---

[54] Vgl. Schulte-Mattler/Tysiak (1998), S. 772-777
Vgl. de Boor (2001), S. 43-47
[55] Vgl. Deutsch (2001), S. 26-46

lastete Teil des Eigenkapitallimits grenzwertig gegen Null, und die divisionale Eigenkapitalauslastung und das divisionale Eigenkapitallimit kongruieren.

b) Das Eigenkapitallimit der gesamten Bank unterteilt sich in das ausgelastete Eigenkapital, das der Aggregation[56] der divisionalen Eigenkapitallimite beziehungsweise -auslastungen gemäß Gleichung (5.4) entspricht, und in den nichtausgelasteten Eigenkapitalanteil. Es gibt also nichtausgelastetes Eigenkapital lediglich auf Gesamtbankebene.

c) Neben dem Eigenkapitalnutzen des Eigenkapitals der gesamten Bank trägt nur das ausgelastete Eigenkapital der gesamten Bank zur Erfolgsgenerierung bei. Folglich beziehen sich die Eigenkapitalsolleffektivverzinsung und nachfolgend die risikoadjustierte Erfolgsberechnung (RAROC) nur auf den ausgelasteten Eigenkapitalanteil.

d) Die Eigenkapitalsolleffektivverzinsung beinhaltet den Eigenkapitalnutzen aus dem Kapitel 2.6.

e) Die Eigenkapitalsolleffektivverzinsung soll die Knappheit der Ressource Eigenkapital reflektieren. Folglich hängt sie von der Eigenkapitalauslastung der gesamten Bank im Verhältnis zum Eigenkapitallimit der gesamten Bank ab.

f) Das neuentwickelte Verfahren basiert nicht auf Vergangenheits-, sondern auf Gegenwartsdaten.

Das physikalische Modell, das als Pate zur Beschreibung der Eigenkapitalsolleffektivverzinsung herangezogen wird, ist das Verhalten idealen Gases in einer Gasdruckfeder.[57] Um zwischen dem physikalischen Modell und dem Finanzmodell zu unterscheiden, werden die physikalischen Parameter bei Notation und Modellierung in spitze Klammern gesetzt.

---

[56] Der Ausdruck „Aggregation" beinhaltet die subadditive Summierung inklusive eventueller Korrelationseffekte.
[57] Die Annahme idealen Gases vernachlässigt Nebeneffekte wie beispielsweise Reibung oder die Änderung der Gastemperatur bei Gasdruckänderungen.

Im allgemeinen hängt der Gasdruck in einer Gasdruckfeder vom zur Verfügung stehenden Volumen ab. Das Bruttovolumen einer Gasdruckfeder wird angenommen als:

$$\langle V_L \rangle > 0 \tag{5.8}$$

In finanzieller Hinsicht entspricht dieses Volumen dem Eigenkapitallimit der gesamten Bank:

$$V_{Q_L} \triangleq \langle V_L \rangle \tag{5.9}$$

Im Gegensatz zur Gasdruckfeder kann sich das zur Verfügung stehende Eigenkapitallimit der gesamten Bank zum Beispiel durch Neubewertungen, Eigenkapitalerhöhungen und ähnliches über die Zeit verändern. Deshalb wird die Gleichung (5.9) wie folgt erweitert:

$$V_{Q_L} \to V_{Q_L}(t) \tag{5.10}$$

Nun wird die Gasdruckfeder etwas zusammengepreßt. Das Volumen reduziert sich, wobei V_U das um das Zusammenpressen reduzierte Volumen darstellt:

$$0 < \langle V_L \rangle - \langle V_U \rangle \leq \langle V_L \rangle \tag{5.11}$$

In finanzieller Hinsicht entspricht das dem nichtausgelasteten Eigenkapital der gesamten Bank:

$$0 \leq V_{Q_L}(t) - V_{Q_U}(t) < V_{Q_L}(t) \tag{5.12}$$

mit

$$V_{Q_U}(t) \triangleq \langle V_U \rangle \tag{5.13}$$

Nun wird der Gasdruck untersucht. In einem entspannten Zustand beträgt der Gasdruck in der Gasdruckfeder:

$$\langle p_L \rangle > 0 \tag{5.14}$$

In finanzieller Hinsicht entspricht dieser entspannte Gasdruck dem Eigenkapitalnutzen auf das Eigenkapitallimit der gesamten Bank:

$$R_{Q_0} \triangleq \langle p_L \rangle \tag{5.15}$$

Der Eigenkapitalnutzen ist gemäß Kapitel 2.6 der Return des in revolvierende, langfristige, risikofreie, festverzinsliche Anleihen investierten Eigenkapitals, um eine möglichst konstante Marge zu generieren. Dieser Eigenkapitalnutzen wird vom Eigenkapitallimit der gesamten Bank unabhängig von der tatsächlichen Auslastung verdient, weil das gesamte Eigenkapital als investiert angenommen wird. Obwohl der Eigenkapitalnutzen ein wenig über die Zeit schwanken kann, wird er aber als konstant angenommen:

$$R_{Q_0}(t) = konst. \tag{5.16}$$

Wenn nun die Gasdruckfeder zusammengedrückt wird, steigt der Gasdruck in ihr an:

$$\langle p_U \rangle \geq \langle p_L \rangle \tag{5.17}$$

In finanzieller Hinsicht entspricht dieser Gasdruck der Solleffektivverzinsung auf die Eigenkapitalauslastung der gesamten Bank:

$$R_{Q_U}(t) \triangleq \langle p_U \rangle \tag{5.18}$$

Wenn sich nun der Preßzustand der Gasdruckfeder ändert, ändern sich folglich das Volumen und der Gasdruck:

$$\langle \Delta V \rangle = \langle V_U \rangle - \langle V_L \rangle \tag{5.19}$$

$$\langle \Delta p \rangle = \langle p_U \rangle - \langle p_L \rangle \tag{5.20}$$

Da die Anzahl der Gasmoleküle in der Gasdruckfeder während der Volumenänderung konstant bleibt, folgt die Gasdruckänderung folgender Gleichung:

$$\langle p_L \rangle \cdot \langle V_L \rangle = \langle p_U \rangle \cdot \langle V_U \rangle \tag{5.21}$$

Nach Umformung kann diese Gleichung wie folgt geschrieben werden:

$$\langle \Delta p \rangle = \langle p_L \rangle \cdot \frac{-\langle \Delta V \rangle}{\langle V_L \rangle + \langle \Delta V \rangle} \tag{5.22}$$

Daraus folgt, daß der Gasdruck wie folgt berechnet werden kann:

$$\langle p_U \rangle = \langle p_L \rangle \cdot \left[1 + \frac{\langle V_L \rangle - \langle V_U \rangle}{\langle V_U \rangle} \right] \tag{5.23}$$

Diese Gleichung veranschaulicht deutlich die reziproke Beziehung zwischen dem Gasdruck und dem zur Verfügung stehenden Volumen. Hieraus folgt in finanzieller Hinsicht die Eigenkapitalsolleffektivverzinsung vor Eigenkapitalnutzen:

$$R^*_{Q_U}(t) = R_{Q_0}(t) \cdot \frac{V_{Q_U}(t)}{V_{Q_L}(t) - V_{Q_U}(t)} \tag{5.24}$$

Um den Eigenkapitalnutzen zu berücksichtigen, wird die Eigenkapitalsolleffektivverzinsung wie folgt erweitert:[58]

$$R^{**}_{Q_U}(t) = R_{Q_0}(t) \cdot \left[1 + \frac{V_{Q_U}(t)}{V_{Q_L}(t) - V_{Q_U}(t)} \right] \tag{5.25}$$

---

[58] Genaugenommen ist die Addition zweier diskreter Effektivzinssätze eine kleine Vereinfachung, denn diskrete Effektivzinssätze sind superadditiv. Eine direkte Addition ist nur bei stetigen Effektivzinssätzen möglich.

Und die Eigenkapitalsolleffektivverzinsung auf das nichtausgelastete Eigenkapital entspricht dem Eigenkapitalnutzen:

$$R^*_{Q_L-Q_U}(t) \equiv R_{Q_0}(t) \tag{5.26}$$

Dieser Effektivverzinsungsnutzen des nichtausgelasteten Eigenkapitals wird nicht auf die Geschäftsbereiche beziehungsweise deren offene Risikopositionen rückallokiert. Er gehört eher den Eigenkapitalgebern, also der Bank als solcher. Die Geschäftsbereiche verwenden schließlich das nichtausgelastete Eigenkapital nicht und können folglich für etwas, was sie nicht zu vertreten haben, mit einem Nutzen belohnt bzw. mit einem Malus bestraft werden. Ansonsten würden die von diesem neuen Modell gesetzten Anreize unterlaufen.

Graphisch steigt Funktion der Eigenkapitalsolleffektivverzinsung stetig an und schmiegt sich dem Eigenkapitallimit asymptotisch an.

Abbildung 5: Eigenkapitalsolleffektivverzinsung und Eigenkapitalauslastung

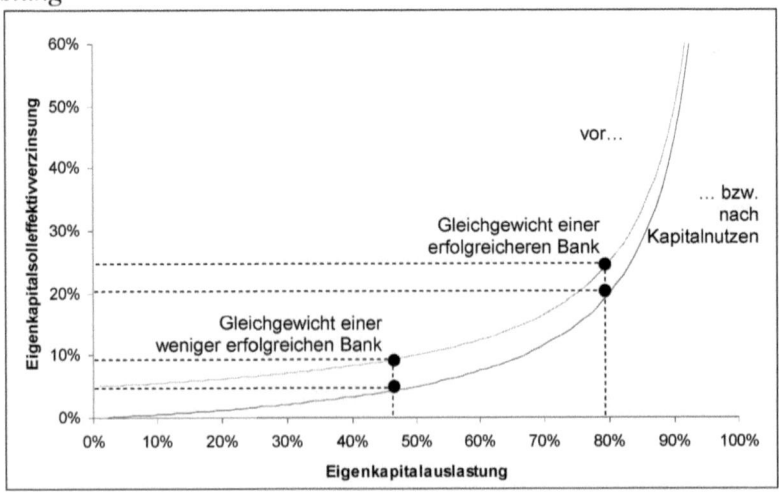

5.4 ERGEBNIS

Dieses Modell versetzt eine Bank in die Lage, ihr Gleichgewicht beim Verhältnis des ausgelasteten Eigenkapitals zum Eigenkapitallimit der gesamten Bank und somit ihrer offene Risikopositionen sowie ihre Solleffektivverzinsung zu finden.

a) Die Eigenkapitalsolleffektivverzinsung hängt ausschließlich vom Umfang der Eigenkapitalauslastung, unabhängig davon, ob es sich um die Eigenkapitaleffektivverzinsung vor oder nach Eigenkapitalnutzen handelt, ab. Ein Zirkelbezug wie bei der Verwendung des Capital-Asset-Pricing-Modells wird vermieden.
b) Die Eigenkapitalsolleffektivverzinsung spiegelt die Knappheit der Ressource Eigenkapital wider. Im Falle einer geringen Eigenkapitalauslastung unterstützt eine niedrige Solleffektivverzinsung die Vergrößerung offener Risikopositionen und deren erwarteten Gewinn; eine hohe Eigenkapitalauslastung hingegen führt dazu, daß die am wenigsten gewinnträchtigen, offenen Risikopositionen geschlossen werden und folglich die Eigenkapitalauslastung wieder gesenkt wird.
c) Ex-ante ausgehandelte und bestätigte divisionale Eigenkapitallimite beziehungsweise im vorhinein definierte Eigenkapitalsolleffektivverzinsungen werden nicht mehr benötigt.
d) Hinsichtlich der Ergebnisse b) und c) kann dieses Modell als Grundlage eines kybernetischen Regelkreislaufes verwendet werden.
e) Die Aufgabe der internen Eigenkapitalbörse beschränkt sich nur noch auf die Ermittlung der aktuellen Eigenkapitalsolleffektivverzinsung. Der interne Handel und die Allokation von Eigenkapital auf die Geschäftsbereiche in Form divisionaler Eigenkapitallimite wird somit nicht mehr benötigt; die Geschäftsbereiche steuern sich über den kybernetischen Regelkreislauf selbst.
f) Jede Bank kann ihr individuelles Gleichgewicht, das vom allgemeinen Geschäftserfolg abhängt, finden.

g) Die finanziellen Dimensionen kürzen sich in den finalen Gleichungen vollständig heraus, und die einzige, korrekte, finanzielle Dimension, die Angabe in Prozent, verbleibt. Sogar nach einer eventuellen Umformung und Auflösung nach dem Eigenkapital kürzen sich die finanziellen Dimensionen vollständig heraus, und als einzige, korrekte, finanzielle Dimension verbleibt die Währung.

5.5 Beispiel

Eine Bank besitzt ein angenommenes ökonomisches Eigenkapitallimit der gesamten Bank in Höhe von 100.000.000 Währungseinheiten:

$$V_{Q_L}(t_0) = 1 \cdot 10^8$$

Dieses Eigenkapital generiert einen angenommenen Eigenkapitalnutzen von 5 % p. a.:

$$R_{Q_0}(t_0) = 0{,}05$$

Die angenommenen, offenen Risikopositionen dieser Bank betragen 70.000.000 Währungseinheiten, was der Eigenkapitalauslastung entspricht:

$$V_{Q_U}(t_0) = 7 \cdot 10^7$$

Diese offenen Risikopositionen generieren eine angenommene Eigenkapitalisteffektivverzinsung vor Eigenkapitalnutzen in Höhe von 10 % p. a.:

$$R^{DIS^*}(t_0) = 0{,}1$$

Flexible Solleffektivverzinsung

Die Eigenkapitalisteffektivverzinsung nach Eigenkapitalnutzen beträgt folglich 15 % p. a. gemäß Gleichung (3.9):

$$R^{DIS**}(t_0) = R^{DIS*}(t_0) + R_{Q_0}(t_0)$$
$$= 0{,}15$$

Die Solleffektivverzinsung des ausgelasteten Eigenkapitals der gesamten Bank wird gemäß Gleichung (5.24) wie folgt berechnet:

$$R^*_{Q_U}(t) = R_{Q_0}(t) \cdot \frac{V_{Q_U}(t)}{V_{Q_L}(t) - V_{Q_U}(t)}$$
$$= 0{,}05 \cdot \frac{7 \cdot 10^7}{1 \cdot 10^8 - 7 \cdot 10^7}$$
$$= 0{,}11\overline{6}$$

Die Solleffektivverzinsung des ausgelasteten Eigenkapitals der gesamten Bank vor Eigenkapitalnutzen beträgt ungefähr 11,667 % p. a. (gerundet). Die Solleffektivverzinsung des ausgelasteten Eigenkapitals der gesamten Bank nach Eigenkapitalnutzen wird gemäß Gleichung (5.25) wie folgt berechnet:

$$R^{**}_{Q_U}(t) = R_{Q_0}(t) \cdot \left[1 + \frac{V_{Q_U}(t)}{V_{Q_L}(t) - V_{Q_U}(t)}\right]$$
$$= 0{,}05 \cdot \left[1 + \frac{7 \cdot 10^7}{1 \cdot 10^8 - 7 \cdot 10^7}\right]$$
$$= 0{,}1\overline{6}$$

Die Solleffektivverzinsung des ausgelasteten Eigenkapitals der gesamten Bank nach Eigenkapitalnutzen beträgt ungefähr 16,667 % p. a. (gerundet). Das nichtausgelastete Eigenkapital beträgt 30.000.000 Währungseinheiten, und dessen Solleffektivverzinsung entspricht gemäß Gleichung (5.26):

$$R^*_{Q_L - Q_U}(t_0) = R_{Q_0}(t_0)$$
$$= 0{,}05$$

Da die Bank mit ihren offenen Risikopositionen lediglich eine erwartete Isteffektivverzinsung nach Eigenkapitalnutzen von 15 % p. a. erwirtschaftet, die Solleffektivverzinsung nach Eigenkapitalnutzen aber ungefähr 16.667 % p. a. (gerundet) beträgt, muß das Volumen der offenen Risikopositionen soweit reduziert werden, bis die Solleffektivverzinsung auf die Isteffektivverzinsung der verbleibenden offenen Risikopositionen gesenkt ist. Dies ist im Gleichgewicht gemäß Gleichung (5.24) der Fall:

$$R_{Q_U}^*(t) = R_{Q_0}(t) \cdot \frac{V_{Q_U}(t)}{V_{Q_L}(t) - V_{Q_U}(t)} \Leftrightarrow$$

$$V_{Q_U}(t) = \frac{V_{Q_L}(t)}{\left[1 + \frac{R_{Q_0}(t)}{R_{Q_U}^*(t)}\right]}$$

$$= \frac{1 \cdot 10^8}{\left[1 + \frac{0.05}{0.1}\right]}$$

$$= 6,\overline{6} \cdot 10^7$$

Die offenen Risikopositionen müssen von aktuell 70.000.000 Währungseinheiten um ungefähr 3.333.333,33 Währungseinheiten (gerundet) auf ein Volumen von ungefähr 66.666.666,67 Währungseinheiten (gerundet) reduziert werden, bis die Eigenkapitalsolleffektivverzinsung der Eigenkapitalisteffektivverzinsung vor Eigenkapitalnutzen 10,000 % p. a. beziehungsweise nach Eigenkapitalnutzen 15,000 % p. a. entspricht. Dieses Ergebnis beinhaltet die Annahme, daß durch Schließen von Risikopositionen die erwartete Effektivverzinsung der verbleibenden, offenen Risikopositionen unverändert bleibt. In der Realität wird dies nicht der Fall sein. Das kann dazu führen, daß das Gleichgewicht durch rekursive Näherungen bestimmt werden muß.

6 AUSBLICK

Alle drei Neuentwicklungen präzisieren die Performancemessung ökonomischen Eigenkapitals. Die Performancemessung wird hierdurch hinsichtlich der finanziellen Dimensionen korrigiert, das ökonomische Eigenkapital ist noch effizienter einsetzbar, und die Geschäftssteuerung einer Bank kann sich wie in einem kybernetischen Regelkreislauf selbst steuern.

Der für alle Neuentwicklungen neue methodische Schritt ist die Darstellung des ökonomischen Eigenkapitals als Flußgröße. Diese Eigenkapitalflußfunktion wird aus der Eigenkapitalbestandsfunktion nicht durch Differentiation, sondern lediglich eine Differenzenbildung gebildet.

Der Umstand der Differenzenbildung scheint darauf hinzudeuten, daß stetige Berechnungen wie zum Beispiel eine stetige Verzinsung oder die Optionspreisermittlung auf Basis stetiger Wahrscheinlichkeitsfunktionen lediglich eine Näherung darstellen: Die Welt der Finanzmärkte scheint genauso wie die der Atomphysik nach dem derzeitigen Wissensstand gequantelt, also diskret zu sein. Außerdem ist erstaunlich, daß wie bei den meisten kleine, aber auch komplexen Problemstellungen, die mathematisch gelöst werden, das Ergebnis sehr häufig durch einen kurzen, prägnanten Term ausgedrückt wird und vom Augenschein die dahinterliegende Komplexität verdeckt.

Alle drei Neuentwicklungen sowie die Vermutung, daß die Welt der Finanzmärkte diskret zu sein scheinen, warten darauf, verworfen, bestätigt beziehungsweise weiterentwickelt zu werden.

7 ANHANG

7.1 ABKÜRZUNGSVERZEICHNIS

CIR	Cost-Income-Ratio
Hrsg.	Herausgeber
RAROC	Risk-Adjusted Return on Capital
RORAC	Return on Risk-Adjusted Capital
RARORAC	Risk-Adjusted Return on Risk-Adjusted Capital
Vgl.	Vergleiche

7.2 Notationsverzeichnis

Die Notation wird wie folgt geschrieben[59]:

A	Kosten
B	Abzinsungsfaktor
C	Zahlung beziehungsweise Zahlungsstrom
Cov	Kovarianz
D	Transaktion beziehungsweise Portfolio
DIS	diskret
E	Bruttobeitrag, Gewinn
E(.)	Erwartungswert
f	risikolos
F	Refinanzierung
h	Zählvariable der Halteperiode
H	Ende der Halteperiode
i	Zählvariable
I	Ende der Zählvariablen i
j	Zählvariable
J	Ende der Zählvariablen j
k	Zählvariable
K	Ende der Zählvariablen k, Betriebskosten
L	Limit
M	Marktindex
N	Nominalbetrag
NET	netto, abzüglich
$\langle p \rangle$	Druck idealen Gases
P	Gewinn
q	Eigenkapitalanteil beziehungsweise -quote
Q	Eigenkapital
R	Effektivzinssatz, Risiko

---

[59] Die Notation in diesem Buch folgt im allgemeinen und mit einigen Ausnahmen und Anpassungen der Notation eines bestimmten Buches, das sich als klar, eindeutig und leicht lesbar herausgestellt hat:
Vgl. Deutsch (2001).

RAROC	Risk-adjusted Return on Capital
t	Zeit
V	Barwert
u	Skalierungsfaktor
U	Auslastung, Unterlegung
$\langle V \rangle$	Volumen idealen Gases
w	Raumfaktor
x	allgemeine Variable
Δ	Differenz
β	Beta
ε	Epsilon für sehr kleine Zahlen größer Null
ρ	Korrelation
σ	Standardabweichung
$\mathbb{R}$	Menge der reellen Zahlen

7.3 Literaturverzeichnis

ANDERS (2000): Anders, Ulrich: RaRoC – ein Begriff, viel Verwirrung; in: Fachzeitschrift „Die Bank"; 2000; S. 314-317

DE BOOR (2001): de Boor, Carl: A Practical Guide to Splines; überarbeitete Ausgabe 2001.

BREMKE/BUßMANN (2000): Bremke, Kirsten; Bußmann, Johannes: Ansätze zur risikobasierten Gesamtbanksteuerung; in: Fachzeitschrift „Die Bank"; 2000; S. 128-133

BRÜNING/HOFFJAN (1997): Brüning, Jan-Bernd; Hoffjan, Andreas: Gesamtbanksteuerung mit Risk-Return-Kennzahlen; in: Fachzeitschrift „Die Bank"; 1997; S. 362-369

DEUTSCH (2001): Deutsch, Hans-Peter: Derivate und Interne Modelle; 2. Auflage 2001; Stuttgart.

FRANKE/HAX (1999): Franke, Günter; Hax, Herbert: Finanzwirtschaft des Unternehmens; 4. Auflage 1999; Berlin.

HÄNSELMANN/WILDEROTTER (2008): Hänselmann, Michael; Wilderotter, Olga: Allokation des ökonomischen Kapitals auf Geschäftseinheiten; in: Handbuch Ökonomisches Kapital; Becker, Axel; Gehrmann, Volker; Schulte-Mattler, Hermann (Hrsg.); 2008; Frankfurt am Main.

HAUN/KALTOFEN (2008): Haun, Michael; Kaltofen, Robert G.: Risikoadjustiertes Pricing; in: Handbuch Ökonomisches Kapital; Becker, Axel; Gehrmann, Volker; Schulte-Mattler, Hermann (Hrsg.); 2008; Frankfurt am Main.

HILLE ET AL. (2000): Hille, Christian T.; Burmester, Christoph; Otto, Matthias: Modelle zur risikoadjustierten Allokation; in: Fachzeitschrift „Die Bank"; 2000; S. 190-195.

HULL (2001): Hull, John C.: Optionen, Futures und andere Derivative, deutsche Übersetzung; 4. Auflage 2001; München.

KRÄMER/SIEVI (1996): Krämer, Uwe; Sievi, Christian: Außerplanmäßige Ereignisse im Bankgeschäft; 1996; Bretten.

KRUMNOW (2000): Krumnow, Jürgen: Zur strategischen Bedeutung des Risikomanagements für die Kreditinstitute; in: Handbuch Risikomanagement; Johanning, Lutz; Rudolph, Bernd (Hrsg.); 2000; Band 2; S. 683-700.

PIASKOWSKI (1993): Piaskowski, Friedrich: Treasury im Barwertkonzept; in: Fachzeitschrift „Die Bank"; 1993; S. 290 ff.

OBST/HINTNER (1993): Obst, Georg; Hintner: Geld-, Bank- und Börsenwesen; Kloten, Norbert; von Stein, Johann Heinrich (Hrsg.); 1993; 37. Auflage; Stuttgart.

PLINKE (1993): Plinke, Wulff: Industrielle Kostenrechnung; 3. Auflage 1993; Berlin.

ROLFES (1999): Rolfes, Bernd: Gesamtbanksteuerung; 1999; Stuttgart.

ROSS ET AL. (1993): Ross, St. A.; Westerfield, R. W.; Jaffe, J. F.: Corporate Finance; 3. Auflage 1993.

SCHIERENBECK (1999A): Schierenbeck, Henner: Ertragsorientiertes Bankmanagement; Band 1; 6. Auflage 1999; Wiesbaden.

SCHIERENBECK (1999B): Schierenbeck, Henner: Ertragsorientiertes Bankmanagement; Band 2; 6. Auflage 1999; Wiesbaden.

SCHIERENBECK/LISTER (1997): Schierenbeck, Henner; Lister, Michael: Integrierte Risikomessung und Risikokapitalallokation; in: Fachzeitschrift „Die Bank"; 1997; S. 492-499

SCHULTE-MATTLER/GAUMERT (2008): Schulte-Mattler, Hermann; Gaumert, Uwe: Regulatorisches und ökonomisches Eigenkapital; in: Handbuch Ökonomisches Kapital; Becker, Axel; Gehrmann, Volker; Schulte-Mattler, Hermann (Hrsg.); 2008; Frankfurt am Main.

SCHULTE-MATTLER/TYSIAK (1998): Schulte-Mattler, Hermann; Tysiak, Wolfgang: Interpolation von Renditen mit Hilfe natürlicher Splines; in: Fachzeitschrift „Die Bank"; 1998, S. 772-777

SIEVI (1996): Sievi, Christian: Kalkulation und Disposition; 2. Auflage 1996; Bretten.

STACHULETZ: Stachuletz, Rainer: Finanzmathematische Grundlagen, S. 8-15.

STEINER/BRUNS: Steiner, Manfred; Bruns, Christoph: Wertpapiermanagement; 7. Auflage 2000; Stuttgart.

TASCHE (2008): Tasche, Dirk: Allokation des ökonomischen Kapitals auf Teilportfolios und Transaktionen; in: Handbuch Ökonomisches Kapital; Becker, Axel; Gehrmann, Volker; Schulte-Mattler, Hermann (Hrsg.); 2008; Frankfurt am Main.

WÖHE (1993): Wöhe, Günter: Einführung in die Allgemeine Betriebswirtschaftslehre; 18. Auflage 1993; München.

UNSER BUCHTIPP !

Stefan Otremba

Das Menschenbild in der Ökonomie

Reflexionen über eine moderne Wirtschaftsethik und deren Chancen in der realwirtschaftlichen Praxis

Reihe Wirtschaftswissenschaften, Bd. 86, 2009, 71 S., br., ISBN 978-3-8255-0755-8, € 16,90

Passen Wirtschaft und Moral überhaupt zusammen? Stefan Otremba analysiert die Grundlagen der Wirtschaft in Bezug auf das Verhältnis zwischen dem Gewinnstreben Einzelner und den Interessen der Allgemeinheit. Dabei verdeutlicht er, welche Einflussmöglichkeiten auch der Einzelne hat, sich für seine eigenen moralischen Überzeugungen zu engagieren.
„Das Menschenbild in der Ökonomie" ist ein anspruchsvolles und dennoch unterhaltsames Buch, das den an Wirtschaft, Gesellschaft und Ethik interessierten Leser mitnimmt in eine von Vorurteilen und Verblendungen geprägte Materie. Otremba klärt seine Leser auf und spricht sie an, indem er sie an ihre individuelle Verantwortung erinnert.

„Ein leicht lesbares, aber faktenreiches Werk."
Buchhändler Heute, Dezember 2009

„Auf wenigen Seiten bringt der Autor gekonnt eine Diskussion der großen Themen an der Schnittstelle zwischen Ökonomik und Ethik unter: Vernunft, Rationalität, Freiheit und Verantwortung."
Forum Wirtschaftsethik 4/2010

☞ **Besuchen Sie unsere Internetseite!**

www.centaurus-verlag.de

UNSERE BUCHTIPPS !

■ Georg Röttger
Ein neues Paradigma der Ökonomie
Wie wir die Ökonomie wieder in die Gesellschaft integrieren können
Reihe Wirtschaftswissenschaften, Bd. 85, 2009, 740 S.,
ISBN 978-3-8255-0740-4, € 42,80

■ Jochen Stockburger
Unternehmenskrise und Organstrafbarkeit wegen Insolvenzstraftaten
Reihe Rechtswissenschaften, Bd. 215, 2011, ca. 280 S.,
ISBN 978-386226-093-5, 25,80 €

■ Felix Walther
Bestechlichkeit und Bestechung im geschäftlichen Verkehr
Internationale Vorgaben und deutsches Strafrecht
Studien zum Wirtschaftsstrafrecht, Bd. 36, 2011, 338 S.,
ISBN 978-3-86226-089-7, € 26,80

■ Karl Huber
Strafrechtlicher Verfall und Rückgewinnungshilfe bei der Insolvenz des Täters
Studien zum Wirtschaftsstrafrecht, Bd. 35, 2011, 260 S.,
ISBN 978-3-86226-053-9, € 26,80

■ Patrick Alf Hinderer
Insolvenzstrafrecht und EU-Niederlassungsfreiheit am Beispiel der englischen company limited by shares
Studien zum Wirtschaftsstrafrecht, Bd. 34, 2011, 280 S.,
ISBN 978-3-86226-033-1, € 25,80

■ Carsten Labinski
Zur strafrechtlichen Verantwortlichkeit des directors einer englischen Limited
Studien zum Wirtschaftsstrafrecht, Bd. 33, 2011, 410 S.,
ISBN 978-3-86226-025-6, € 29,00

■ Stefan Arens
Untreue im Konzern
Studien zum Wirtschaftsstrafrecht, Bd. 32, 2010, 330 S.,
ISBN 978-3-8255-0764-0, € 26,90

■ Claudia Wunderlich
Die Akzessorietät des § 298 StGB zum Gesetz gegen Wettbewerbsbeschränkungen (GWB)
Studien zum Wirtschaftsstrafrecht, Bd. 31, 2009, 327 S.,
ISBN 978-3-8255-0752-7, € 28,00

www.centaurus-verlag.de

MIX
Papier aus verantwortungsvollen Quellen
Paper from responsible sources
FSC® C105338

If you have any concerns about our products,
you can contact us on
ProductSafety@springernature.com

In case Publisher is established outside the EU,
the EU authorized representative is:
**Springer Nature Customer Service Center GmbH
Europaplatz 3, 69115 Heidelberg, Germany**

Printed by Libri Plureos GmbH
in Hamburg, Germany